Impressum
Verlag: BABADADA GmbH, Nedderfeld 112 , 22529 Hamburg
Geschäftsführer / Verlagsleitung: Harald Hof
Druck: Books on Demand GmbH, In de Tarpen 42, 22848 Norderstedt

Imprint
Publisher: BABADADA GmbH, Nedderfeld 112 , 22529 Hamburg, Germany
Managing Director / Publishing direction: Harald Hof
Print: Books on Demand GmbH, In de Tarpen 42, 22848 Norderstedt

ليكول
學校

القسم
教室
يقسم
除
186/2
لوحة
黑板
معلم
老師
لاكور
ورقة
紙
يكتب
書寫
ستيلو
筆
بيرو
辦公桌
مسطرة
直尺
كتاب
書
تلميذ
學生

كرطاب
書包

المقلمة
鉛筆盒

قلم الرصاص
鉛筆

منجارة
削鉛筆機

ممحا
橡皮擦

الكايي تاع الرسم
畫板

الرسم
圖畫

البانسو
畫筆

باتير
顏料盒

مقص
剪刀

كولا
膠水

كايي تاع التمارين
練習冊

الواجبات
家庭作業

النيميرو
12
數字

2+2
يجمع
加

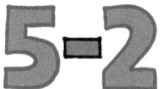

5-2
يطرح
減

2×2
يضرب
乘

يحسب
計算

A
الحرف
字母

ABCDEFG
HIJKLMN
OPQRSTU
VWXYZ
الحروف
字母表

hello
كلمة
字

النص

課文

يقرا

讀

طباشير

粉筆

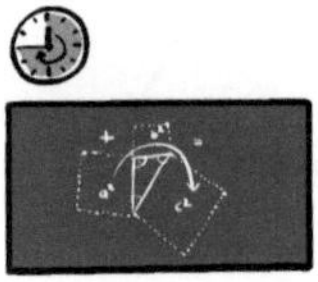

الدرس

上課

دفتر المدرسي

登記

ليقزاما

考試

سرتفيكا

證書

اللبة تاع ليكول

校服

التعليم

教育

ليكسيك

百科全書

الجاميعة

大學

المجهر

顯微鏡

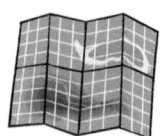

الخريطة

地圖

بوبال

廢紙簍

فواياج
旅行

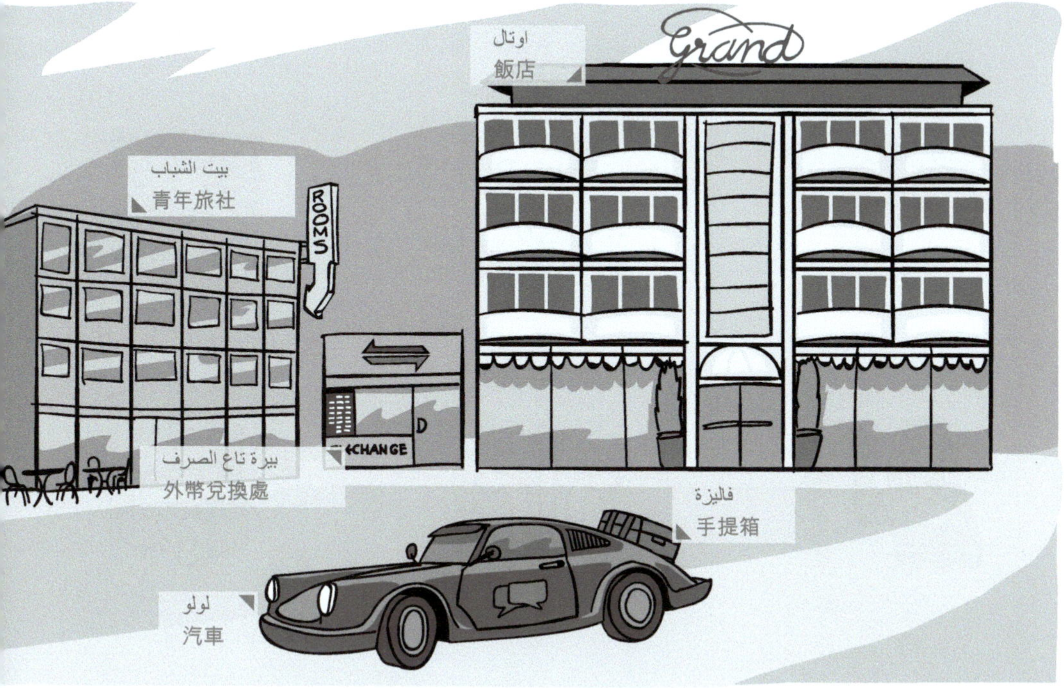
Grand
اوتال
飯店
بيت الشباب
青年旅社
ROOMS
CHANGE
بيرة تاع الصرف
外幣兌換處
فاليزة
手提箱
لولو
汽車

اللغة ليقصدها

語言

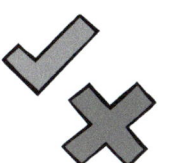

واه / لا

是/否

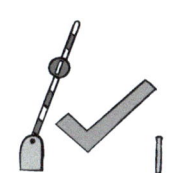

صحا

好的

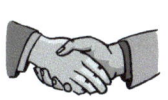

مرحبا

您好

طرجمان

翻譯人員

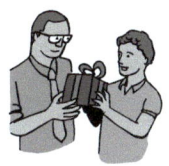

صحيت

謝謝

شعال السومة؟

……多少錢？

مفهمتش

我不明白

مشكيلة

問題

مسلخير

晚上好！

صباح لخير

早上好！

تصبح بخير

晚安！

بسلامة

再見

ديركسيو

方向

الباقاج

行李

ساك

包

ساكادو

背包

ضيف

客人

شمبرا

房間

ساك تاع رقاد

睡袋

خيمة

帳篷

استعلامات سياحية

旅行資訊

بجر

海灘

كارطة ناع الكريدي

信用卡

فطور الصباح

早餐

الفطور

午餐

العشا

晚餐

البيي

票

اسونسير

電梯

تامبر

郵票

الحدود

邊界

الديوانة

海關

سقارة

大使館

فيزا

簽證

باسبور

護照

نقل

交通運送

طيارة
飛機
بابور
船
لبونبيا
消防車
بيس
公車
كاميونة
卡車
بوطي
汽艇
بيسكلات
腳踏車
لولو
汽車

بابو
渡輪

بوطي
小船

موطو
機車

لوطو تاع لابوليس
警車

لوطو تاع السيباق
賽車

لوطو تاع كرية
租車

لواطا تاع كرية

拼車

رومورك

拖車

كاميو تاع الزبل

垃圾車

موتور

馬達

ليسونس

汽油

ستاسيون

加油站

بانو

交通標識

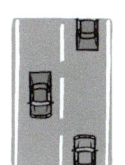

ترافيك

交通

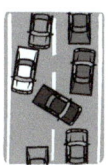

سركالة

交通堵塞

باركينغ

停車場

لاقار

火車站

السبيكة

軌道

قطار

火車

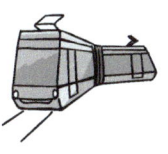

ترام

路面電車

فاغون

客車廂

اليكبتار

直升機

مطار

機場

تور

塔

مسافر

乘客

كونتنار

集裝箱

كرطونة

紙板箱

شاريو

手推車

سلة

籃子

يقلع / يهود

起飛/降落

مان

城市

قرية

村莊

البلاد

市中心

دار

房子

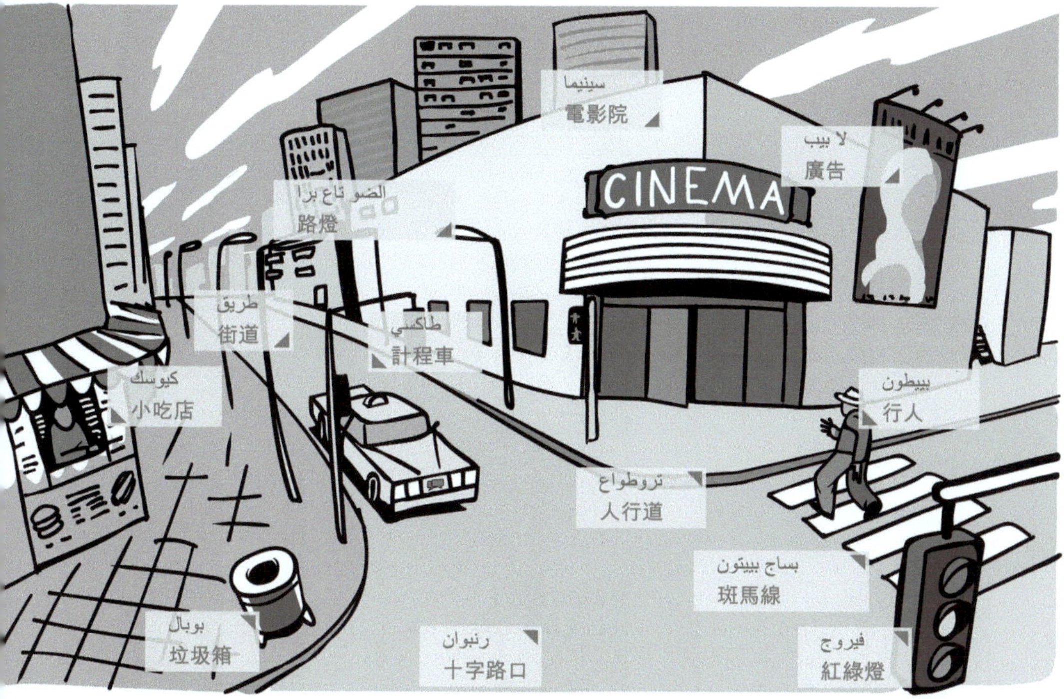

سينيما
電影院

لا ييب
廣告

الضوء تاع برا
路燈

طريق
街道

طاكسي
計程車

كيوسك
小吃店

بييطون
行人

تروطواع
人行道

بساج بييتون
斑馬線

بوبال
垃圾箱

رنبوان
十字路口

فيروج
紅綠燈

CINEMA

كوخ

小屋

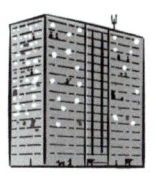

برطمان

公寓

لاقار

火車站

لاميري

市政廳

متحف

博物館

ليكول

學校

الجاميعة

大學

بانكة

銀行

سبيطار

醫院

اوتال

飯店

فارماسي

藥房

بيرو

辦公室

مكتبة

書店

حانوت

商店

فلوريست

花店

سوبرات

超市

مرشي

市場

حانوت كبير

百貨商店

مسمكة

魚店

سونتر كومرسيال

購物中心

المينا

海港

بارك

公園

بنك

長凳

جسر

橋

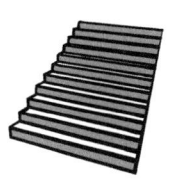

درج

樓梯

ميترو

捷運

تونال

隧道

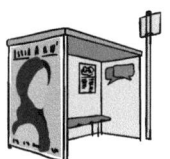

لاري تاع البيس

公車站

بار

酒吧

مطعم

餐館

صندوق البريد

郵筒

البانوات

路標

مقياس زمن الوقوف

停車計時器

حديقة حيوانات

動物園

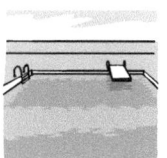

بيسين

游泳池

جامع

清真寺

فيرما

農場

التلوث

污染

مقبرة

墓地

قليزية

教堂

بارك

操場

معبد

寺廟

الريف

地形

ورقة
樹葉

بانو
指示牌

طريق
路

مرج
草地

حجرة
石頭

شجرة
樹

رحالة
徒步旅行者

نهر
河

حشيش
草

زهرة
花

واد

峽谷

جبل

丘陵

بحيرة

湖

غابة

森林

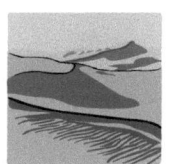

صحرا

沙漠

بركان

火山

شاطو

城堡

قوس قزح

彩虹

فِطر

蘑菇

نخلة

棕櫚樹

ناموسة

蚊子

ذبانة

蒼蠅

نملة

螞蟻

نحلة

蜜蜂

رتيلة

蜘蛛

خنفوس

甲蟲

جرانة

青蛙

سنجاب

松鼠

قنفود

刺蝟

قنينة

野兔

بومة

貓頭鷹

زاوش

鳥

بجعة

天鵝

حلوف

野豬

عزالة

鹿

إلكة

麋鹿

سد

水壩

الطاحونة

風力發電機

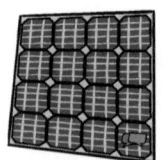

خلية شمسية

太陽能電池板

كليما

氣候

مطعم

餐館

سارفور
服務生
المونيو
菜譜
كرسي
椅子
سوبة
湯
بيتزا
披薩餅
كوفار
ناب
桌布

اوردوفر

前菜

الطبق الرئيسي

主菜

ديسار

甜點

مشروبات

飲料

ماكلة

食物

القرعة

瓶子

فاست فود

速食

ماكلة نديه معايا

街邊小吃

براد اتاي

茶壺

سكرية

糖盒

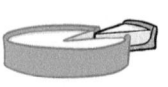

طرف

一份飯菜

ماشينة تاع اكسبريسو

義式咖啡機

كرسي عالي

高腳椅

فاتورة

帳單

سني

托盤

خدمي

刀

فرشيطة

餐叉

مغيرفة

勺子

مغيرفة تاع لاتاي

茶匙

سربيتة تاع الطابلة

餐巾

كاس

玻璃杯

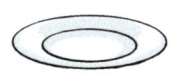

طبسي

碟子

بول

湯盤

طبسي تاع الفنجال

碟子

لاصوص

醬

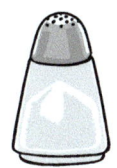

القوطي تاع الملح

鹽瓶

طحان تاع الحرور

胡椒研磨罐

خل

醋

زيت

食用油

ليزيبيس

調味料

كتشوب

番茄醬

موطارد

芥末

مايونيز

美乃滋

سوبرات

超市

بروموسيو
特價
FOR
كلويون
顧客
مشتقات الحليب
乳製品
فاكية
水果
شاريو
購物車

بوشي

肉鋪

بولونجي

麵包店

يوزن

稱重

خضار

蔬菜

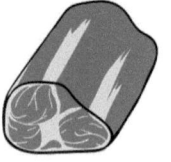

لحم

肉

سيرجولي

冷凍食品

كاشير

冷盤

كونسارف

罐頭食品

الاومو تاع لغسيل

洗衣粉

الحلويات

甜食

صوالح الدار

日用品

ديتارجو

清潔用品

فوندوز / خدامة فالحانوت

銷售員

لاكاس

收銀機

كاسسي

收銀員

ليستا تاع الشري

購物清單

سوايع الخدمة

開放時間

تزداتم

錢包

كارطة ناع الكريدي

信用卡

ساك

袋子

بورسة

塑膠袋

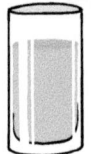

مشروبات

飲料

الما

水

جو

果汁

حليب

牛奶

كوكا

可樂

الشراب

紅酒

البيرة

啤酒

شراب

酒

كاكاو

可可

لاتاي

茶

قهوة

咖啡

اكسبريسو

義式濃縮咖啡

كابوتشينو

卡布奇諾

بانانة

香蕉

تفاح

蘋果

تشينا

柳丁

بطيخ

西瓜

ليم

檸檬

كروطة / زرودية

胡蘿蔔

ثوم

大蒜

بانبو

竹子

بصل

洋蔥

شانبينيو

蘑菇

بندق

堅果

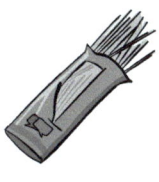

لبيات

麵條

سباقيتي

義大利麵

روز

米飯

سلاطة

沙拉

ليفريت

薯條

ليفريت

炸馬鈴薯

بيتزا

披薩餅

هانبورقر

漢堡

سندويش

三明治

اسكالوب

炸豬排

لحم الحلوف

火腿

سامي

義大利臘腸

مرقاز

香腸

جاجة

雞肉

لحم مشوي

烤肉

حوت

魚

شوفان

燕麥片

موسلي

木斯里

كورن فلكس

玉米片

فرينة

麵粉

كرواسون

牛角麵包

خبيزة

麵包捲

الخبز / كسرة

麵包

خبز محمر

吐司

بيسكوي

餅乾

زبدة

奶油

لبن

凝乳

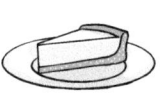

قاطو

蛋糕

بيض

蛋

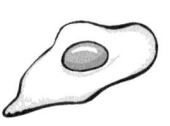

بيض مقلي

煎蛋

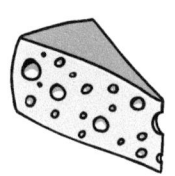

فرماج

起司

لاكرام

冰淇淋

سكر

糖

عسل

蜂蜜

كونفتير

果醬

نوقا

巧克力醬

الكاري

咖哩

فيرما
農場

مخزن
糧倉
رزمة تاع تبن
稻草捆
حقل
田野
عود
馬
قنطرة
拖車
جرار
拖拉機
مهر
馬駒
حمار
驢
كبش
羊
خروف
羔羊

معزة

山羊

بقرة

奶牛

عجل

小牛

حلوف

豬

حلوف صغير

小豬

طورو

公牛

وزة

鵝

بطة

鴨

فلوس

小雞

جاجة

母雞

سردوك

公雞

طوبا

鼠

قطة

貓

فأر

老鼠

ثور

牛

كلب

狗

دار الكلب

狗屋

تيو

花園澆水軟管

إبريق

澆水壺

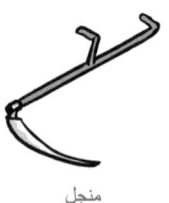

منجل

長柄大鐮刀

محراث

犁

منجل

鐮刀

الفاس

鋤頭

مذراة الزبل

長柄草耙

شاقور

斧頭

برويطة

獨輪手推車

معلف

飼料槽

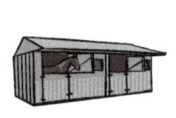

قابة تاع حليب

牛奶罐

ساشيا

麻布袋

سياج

柵欄

صطبل

馬廄

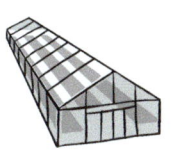

بوطاجي

溫室

تراب

土壤

بذور

種子

سماد

肥料

حصادة

聯合收割機

يحصد

收割

الغلة

收割

بطاط

地瓜

قمح

小麥

صويا

大豆

بطاطا

土豆

ماييس

玉米

سلجم

油菜籽

شجرة تاع فاكية

果樹

منيهوت

樹薯

الخبوب

穀物

شوميني / 煙囪

سقف / 屋頂

بالة / 落水管

ناقة / 窗戶

قاراج / 車庫

صونات / 門鈴

باب / 門

بويال / 垃圾桶

بواطة تاع البرية / 信箱

جاردان / 花園

صالون

客廳

الحمام

浴室

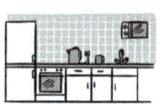

كوزينا

廚房

شامبرا تاع رقاد

臥室

شمبرا تاع ذراري

兒童房

صالة مونجي

餐廳

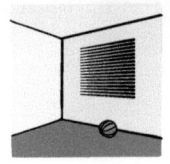

لرض

地板

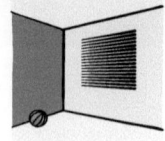

حيط

牆壁

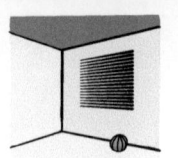

بلافو

天花板

كافا

地窖

سونا

三溫暖

بالكون

陽臺

تيراسة

露臺

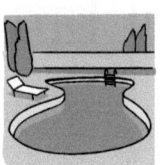

بيسين

游泳池

جزارة تاع حشيش

割草機

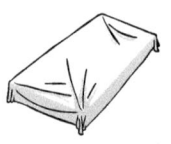

ااووس

被單

كووات

床罩

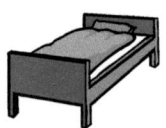

ناموسية

床

مصلحة

掃帚

بيدو تاع صليح

水桶

انتغبتور

開關

صالون
客廳

ورق تاع حيطان
壁紙
تصويرة
相片
لامبا
檯燈
ايتجار
擱架
بلاكار
櫥櫃
تيفزيون
電視
شوميني
壁爐
زهرة
花
مخدة
墊子
صافا
沙發
花瓶
تيليكومند
遙控器

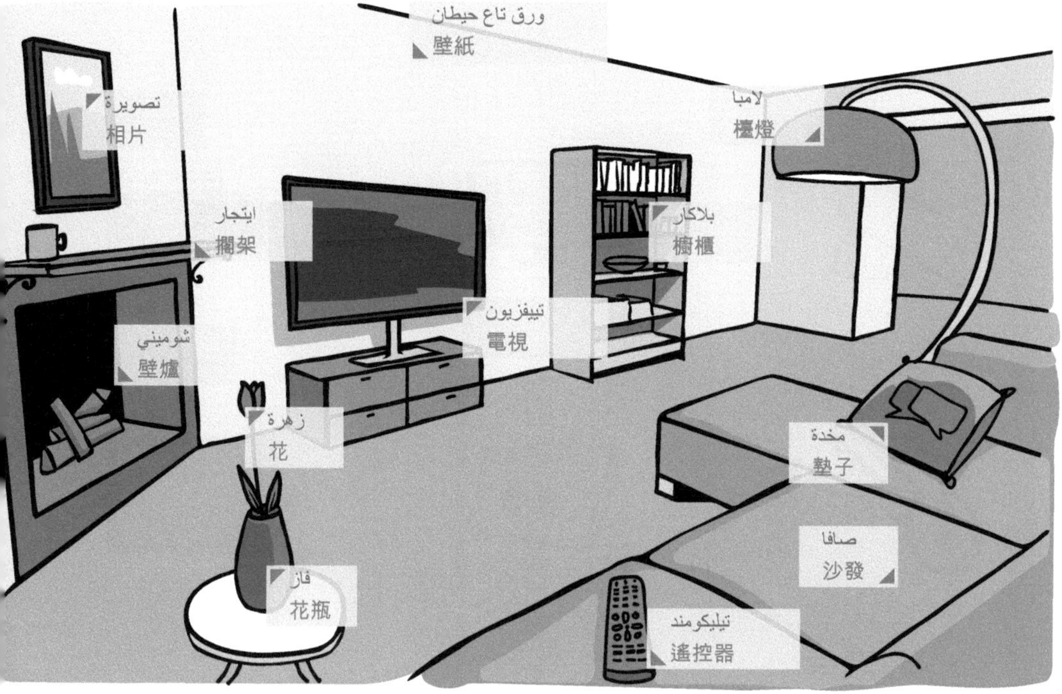

طابي

地毯

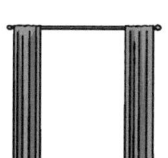

ريدو

窗簾

طابلة

餐桌

كرسي

椅子

كرسي يبوجي

搖椅

فوتاي

扶手椅

كتاب

書

طوفيرطة

毯子

زواق

裝飾品

الحطب

木柴

فيلم

電影

الستيريو

高傳真音響

مفتاح

鑰匙

جرنان

報紙

كادر

油畫

بوستار

海報

راديو

收音機

كناش

筆記本

اسبيراتور

吸塵器

صبار

仙人掌

شمعة

蠟燭

كوزينا

廚房

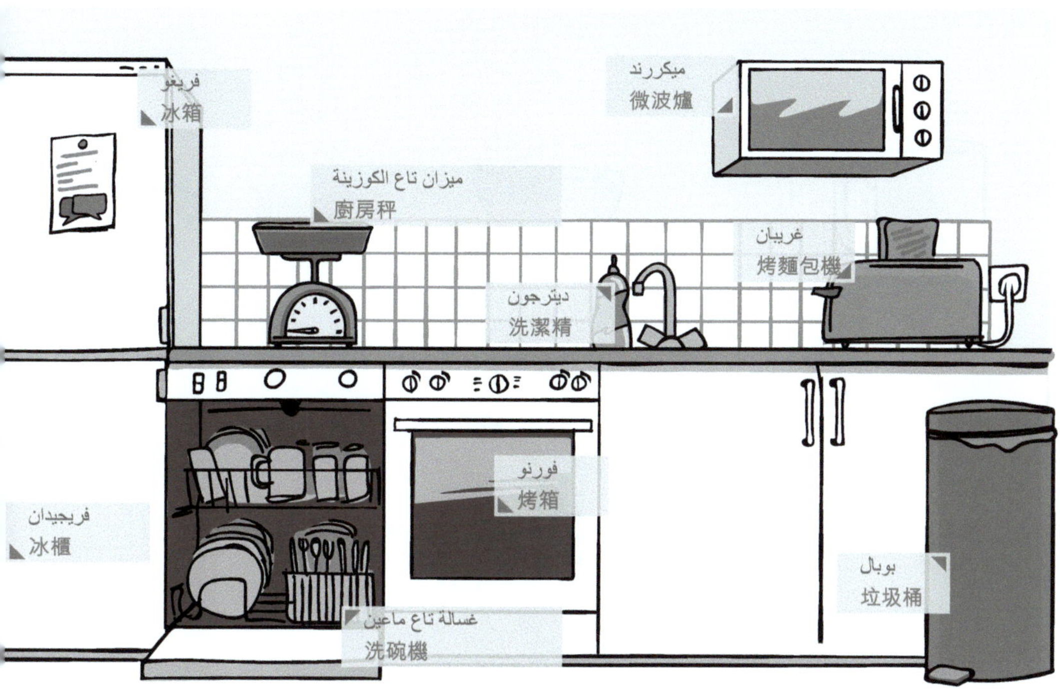

فريغو
冰箱
ميكرروند
微波爐
ميزان تاع الكوزينة
廚房秤
غريبان
烤麵包機
ديترجون
洗潔精
فورنو
烤箱
فريجيدان
冰櫃
بوبال
垃圾桶
غسالة تاع ماعين
洗碗機

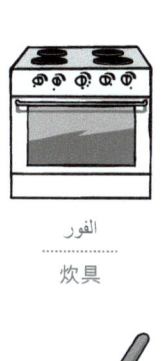

الفور

炊具

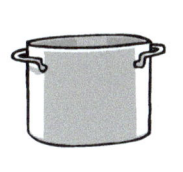

قدرة

鍋

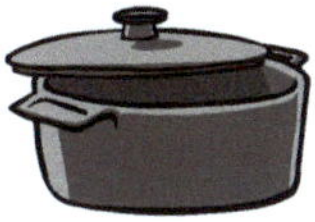

مرميطا

鑄鐵鍋

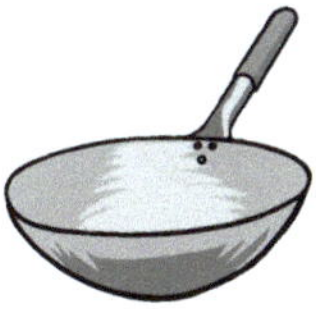

طاوة غامقة

炒鍋

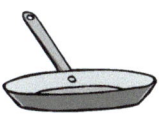

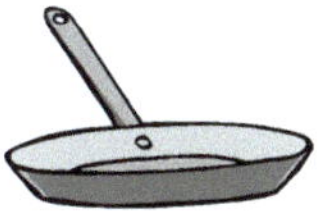

مقلة

平底鍋

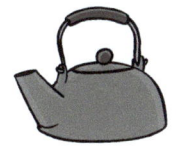

غلاية

水壺

قدرة

蒸鍋

سني

烤盤

ماعين

陶瓷鍋

قوبلي

馬克杯

طبسي

碗

مطارق تاع الماكلة

筷子

لوشة

長柄勺

سباتولة

鏟子

الضرابة

攪拌器

كسكاس

濾網

صفاية

篩子

راب

磨碎機

مهراز

研缽

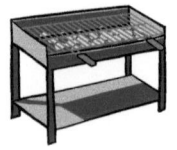

شواية

燒烤

موقد

明火

بلونشا

菜板

رولو

擀麵杖

الحلال

開瓶器

قابسة

罐子

الحلال

開罐器

كتان

隔熱手套

لافابو

水槽

بروسة

刷子

بونجة

海綿

الخلاط

攪拌機

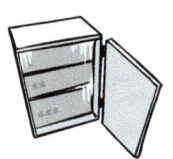

فريغو

冷藏箱

بيبرونة

奶瓶

سبالة

水龍頭

الحمام
浴室

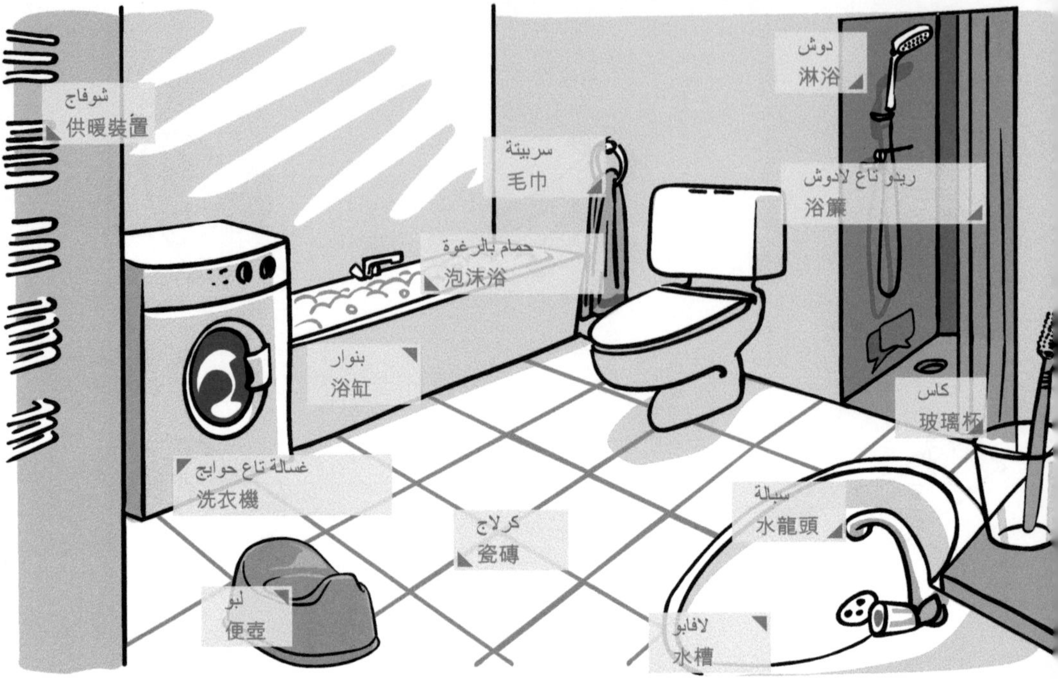

شوفاج
供暖裝置
سربيتة
毛巾
دوش
淋浴
ريدو تاع لادوش
浴簾
حمام بالرغوة
泡沫浴
بنوار
浴缸
كاس
玻璃杯
غسالة تاع حوايج
洗衣機
سبالة
水龍頭
كرلاج
瓷磚
لبو
便壺
لافابو
水槽

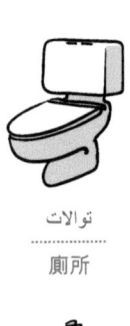

توالات
廁所

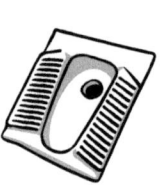

توالات تركي
蹲便器

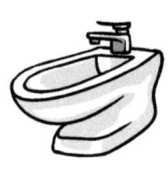

غسال الرجلين
坐浴器

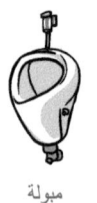

مبولة
小便斗

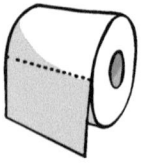

ورق تاع توالات
廁紙

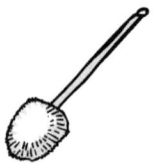

بروسة تاع توالات
馬桶刷

بروسدون

牙刷

دونتفريس

牙膏

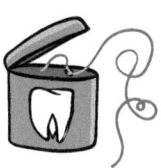

خيط السنان

牙線

يغسل

洗

دوشات تاع دوش

手持式蓮蓬頭

دوشات

沖洗器

لافابو

洗臉盆

بروسا تاع الظهر

洗背刷

صابون

肥皂

جال دوش

沐浴露

شنبوان

洗髮乳

الحبل

法蘭絨

قادوس

排水

بومادة

乳霜

ديودورون

除臭劑

مراية

鏡子

مراة صغيرة

手鏡

رازوار

刮鬍刀

لاموس

刮鬍泡沫

كولون

鬍後水

مشطة

梳子

بروسة

刷子

سشوار

吹風機

مثبت الشعر

噴髮定型劑

مكياج

化妝品

روجالافر

唇膏

فرني

指甲油

قطن

化妝棉

كوبنغل

指甲剪

ريحة

香水

تروسة تاع حمام

洗漱包

طابوري

凳子

ميزان

計重秤

بينوار

浴袍

ليغونات تاع النيتواياج

橡膠手套

تمبون

衛生棉條

ليبوند

衛生棉

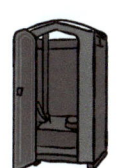

توالات

化學廁所

شمبرا تاع ذراري

兒童房

ريفاي
鬧鐘
نونورس
毛絨玩具
لوطو جوي
玩具車
الخشخاش
撥浪鼓
دار تاع بوبيات
玩具屋
كادو
禮物

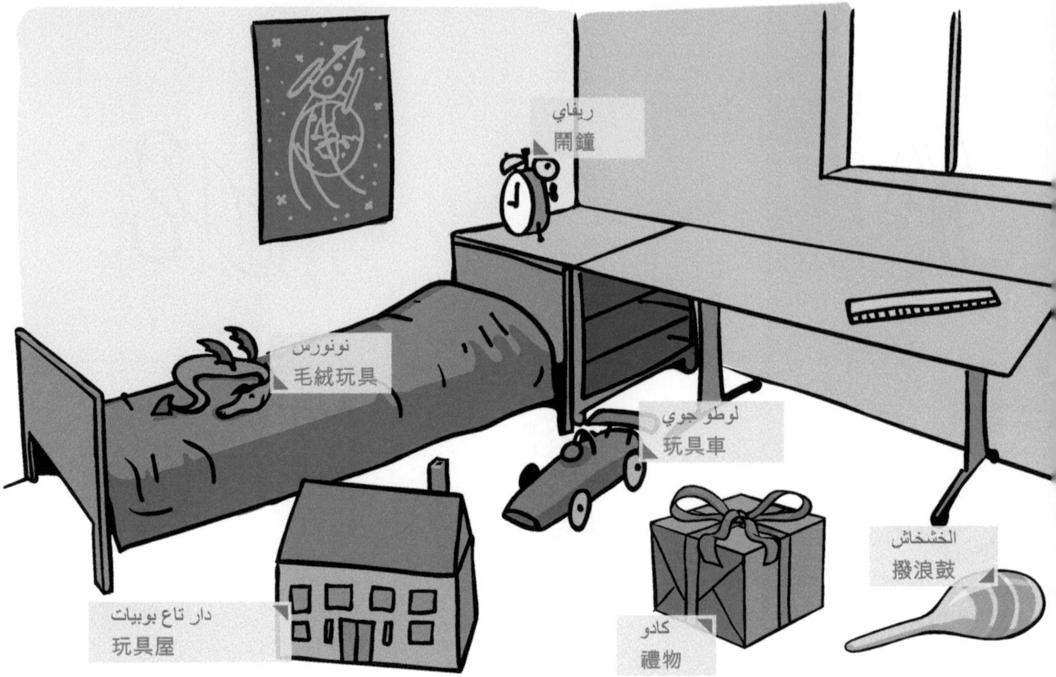

بالونة / نسافة

氣球

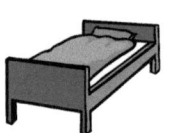

ناموسية

床

بوسات

嬰兒車

الكارطة

撲克牌

البوزيل

拼圖

بوند ديسيني

漫畫

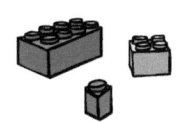

الليغو

樂高積木

حجر يبنوه

積木玩具

بوبية

公仔

لبسة تاع البيبي

嬰兒服

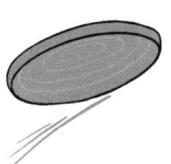

فريزي

飛盤

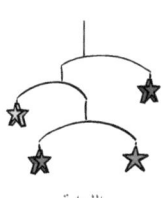

اللهاية

床鈴玩具

لعبة الطابلة

棋盤遊戲

الدي

骰子

التران

火車模型

سوسات

安撫奶嘴

حفلة / الفيشطة

派對

كتاب بتصاوير

繪本

بالون

球

بوبية

洋娃娃

يلعب

玩

بارك بالرملة

沙坑

بنصوار

鞦韆

جوي

玩具

منيطا

電玩遊戲

بيسكلات

三輪車

دبدوب

泰迪熊

ماريو

衣櫃

حوايج

衣服

تقاشر

襪子

ليبا

長襪

كولو

緊身褲

صندالة

涼鞋

صباط

鞋

بوط بلاستيك

雨靴

كالسون

內褲

سوتيان

胸罩

حويج تاع داخل

背心

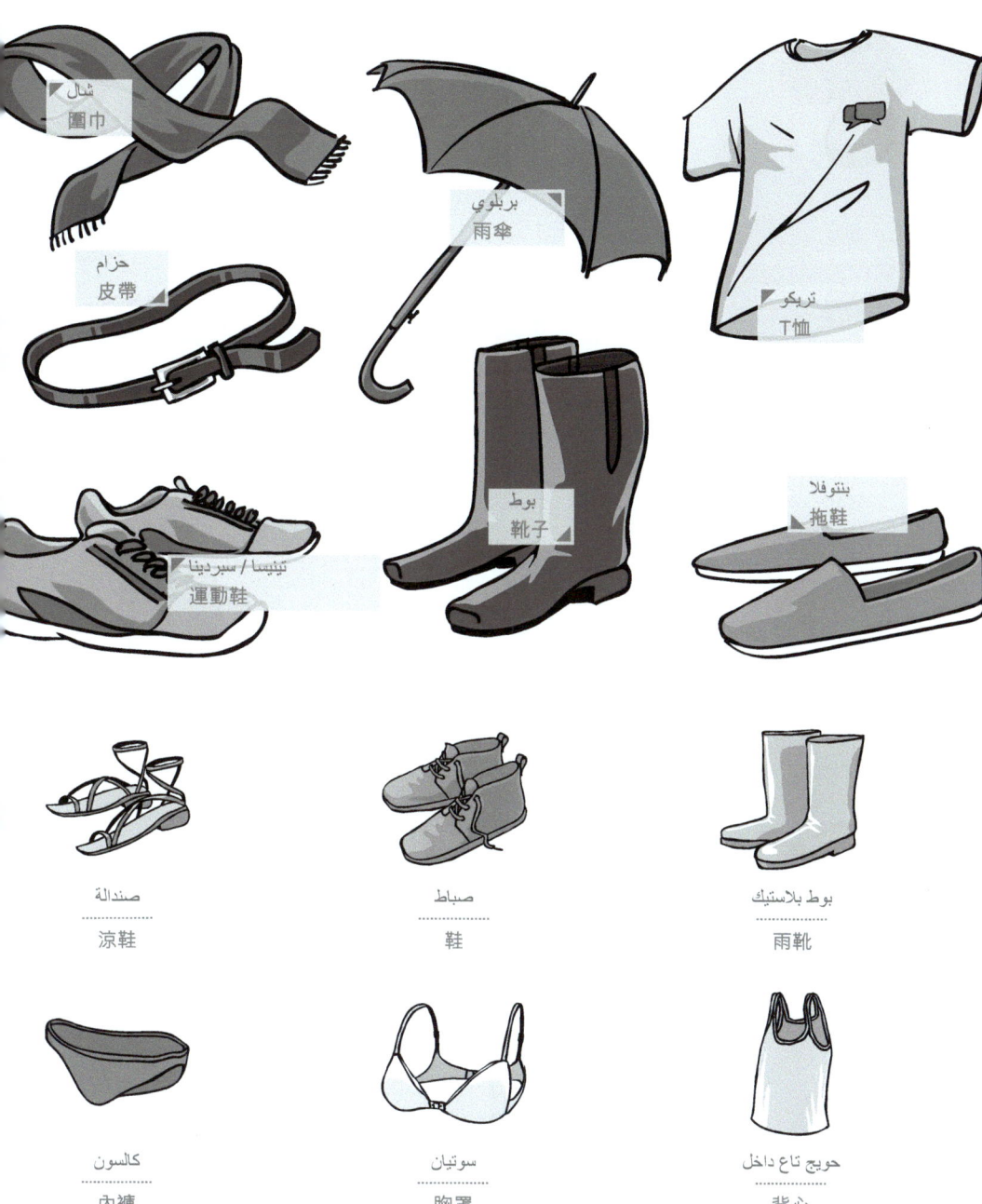

لاسق على الجسم

身體

سروال

褲子

جين

牛仔褲

جيبا

短裙

طابلية

女式襯衫

قمجة

襯衫

تريكو

套頭衫

قارديقون

連帽上衣

بلازار

西裝夾克

فيستا

夾克

بالطو

外套

بالطو

雨衣

كوستيم

套裝

روبا

連衣裙

روب بلونش

婚紗

كوستيم

西裝

شوميز دونوي

睡袍

بيجاما

睡衣

ساري

莎麗

حجاب

頭巾

عمامة

包頭巾

برقع

波卡

قفطان

卡夫坦

عباية

(阿拉伯式)長袍

مايو

泳衣

سروال تاع عوم

男式泳褲

شورت

短褲

لبسة تاع سبور

運動服

طابلية

圍裙

ليقونات

手套

قفلة

鈕扣

نواظر

眼鏡

براسلي

手鏈

سنسلة

項鍊

خاتم

戒指

منقوش

耳環

بوني

便帽

سانتر

衣架

شابو

帽子

قرافاطة

領帶

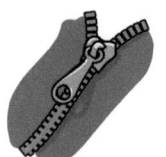

غيمة

拉鍊

كاسك

安全帽

بروتال

背帶

اللبة تاع ليكول

校服

لينيفورم

制服

رياقة

圍兜

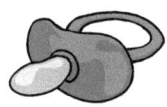

سوسات

安撫奶嘴

ليكوش

尿布

بيرو

辦公室

سارفر
伺服器
خزانة تاع الملفات
檔案櫃
امبريمانت
印表機
ورقة
紙
ليكرون
螢幕
لاسوري
滑鼠
كلاسور
資料夾
كلافيي
鍵盤
بوبال
廢紙簍
كرسي
椅子
اوردیناتور
電腦

كاس قهوة

咖啡杯

كاكولاتريس

計算機

لانترنت

網際網路

اوردیناتور

筆記型電腦

برية

信件

میساج

簡訊

بورطابل

行動電話

ريزو

網路

فوطوكوبي

影印機

لوجسيال

軟體

تيلفون

電話

بريزة

插座

فاكس

傳真機

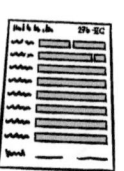

استمارة

表格

وثيقة

檔案

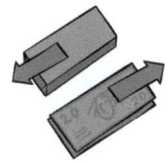

يشري

買

يخلص

付錢

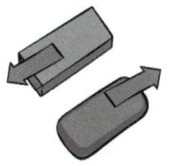

يتاجر

交易

دراهم

現金

دولار

美元

اورو

歐元

ين

日元

روبل

盧布

فرنك سويسري

瑞士法郎

يوان

人民幣

روبية

盧比

ديستريبيتور

提款處

بيرة تاع الصرف

外幣兌換處

ذهب

金

فضة

銀

نفط

石油

طاقة

能源

السومة

價格

عقد

合約

طاكس

稅金

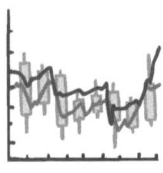

سهم

股票

يخدم

工作

خدام

職員

مول الشي

老闆

وزين

工廠

حانوت

商店

بوليسي
警官
بومبي
消防員
طياب
廚師
الطبيب
醫師
بيلوط
飛行員

جرديني

園丁

نجار

木匠

خياط

裁縫

قاضي

法官

شيميك

化學家

ممثل

演員

شوفير

公車司機

طاكسيور

計程車司機

صياد

漁夫

خدامة

清洗女工

ماصو تاع الصقف

屋頂工

سارفور

服務生

صياد

獵人

بنتار

畫家

خباز

麵包師

الكتريسيان

電工

ماصون

建築工人

مهندس

工程師

بوشي

屠夫

بلومبي

水管工

فاكتور

郵差

جندي

士兵

ار شيتكت

建築師

كاسسي

收銀員

بياع اورد

花農

كوافير

理髮師

الكنترول

售票員

ميكانيسيان

機械技師

كابيتان

船長

طبيب سنان

牙醫

عالم

科學家

حاخام

拉比

امام

伊瑪目

موان

和尚

موان

牧師

ليزوتي
工具

كلاب
鉗子
مارطو
鐵錘
تورنفيس
螺絲起子
تورشا
手電筒
مفتاح
扳手

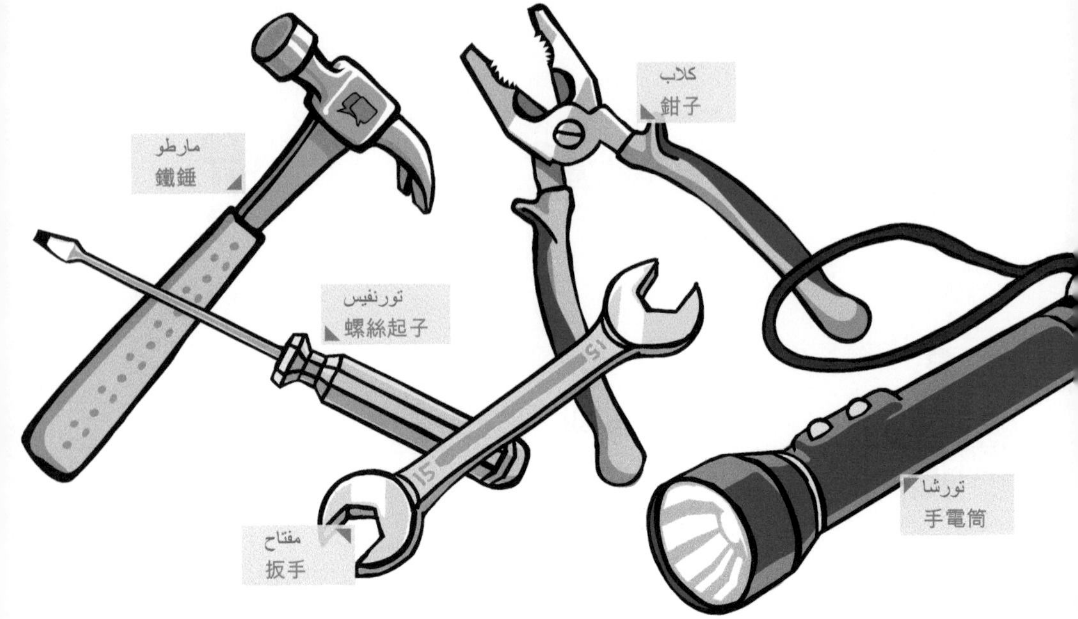

جرافة
挖掘機

قايصة نتاع ليزوتي
工具箱

سلوم
梯子

منشار
鋸子

مسامير
釘子

برسوز
鑽機

يصنع

修

البالة

鏟子

ياويلي

糟糕！

بالا

畚箕

بو تاع بنتورة

油漆桶

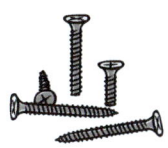

ليفيس

螺絲

آلات موسيقية

樂器

آلات الإيقاع
打擊樂器

مكبر الصوت
揚聲器

كمان أجهر
低音提琴

بوق
小號

غيتارة
吉他

بيانو

鋼琴

كمنجة

小提琴

جهير

貝斯

طبل كبير

定音鼓

طبل

鼓

بيانو كهربائي

電子琴

ساكسوفون

薩克斯風

ناي

長笛

ميكروفون

麥克風

حديقة حيوانات

動物園

الدخلة
入口
نمر
老虎
كاجا
籠子
حمار الوحش
斑馬
علف للحيوانات
باندا
熊貓

حيوانات

動物

فيل

大象

كنغر

袋鼠

وحيد القرن

犀牛

غوريلا

大猩猩

دب

熊

جمل

駱駝

نعامة

鴕鳥

سبع

獅子

تشيطا

猴子

فلامونغوز

紅鶴

بيروكي

鸚鵡

دب قطبي

北極熊

بطريق

企鵝

سمك القرش

鯊魚

طاووس

孔雀

لفعة

蛇

تمساح

鱷魚

عساس في حديقة الحيوان

動物園管理員

عجل البحر

海豹

نمر أمريكي مرقط

美洲豹

فرس قزم

矮種馬

نمر

豹

فرس النهر

河馬

زرافة

長頸鹿

نسر

老鷹

حلوف

野豬

حوت

魚

فكرون

龜

حيوان فظ البحري

海象

ثعلب

狐狸

غزال

羚羊

سبور
體育

بالون اميريكا
橄欖球
الركبة تاع البيسكلت
騎腳踏車
تينيس
網球
باسكات
籃球
العوم
游泳
هوكي
冰球
بوكس
拳擊

بالون
美式足球

الريشة الطائرة
羽毛球

اتلاتيزم
田徑

الهوند
手球

سكي
滑雪

بولو
馬球

نشطات
活動

ينقز
跳
يعنق
擁抱
يضحك
笑
يمشّي
走路
يغني
唱
ينوم
做夢
يصلي
祈禱
يبوس
親吻

يكتب

書寫

يرسم

畫

يوري

展示

يدمر

推

يعطي

給

يدي

拿

يملك
有

يخدم
做

كاين
當

يوقف
站

يجري
跑

يجبد
拉

يقيس / يرمي
丟

يطيح
摔倒

يتكسل
躺

يشوف
等待

يرفد
攜帶

يقعد
坐

يلبس
穿衣

يرقد
睡覺

ينوظ
醒來

يشوف في

看

يبكي

哭

يحك

擊

يمشّط

梳頭

يهدر

交談

يفهم

明白

يسقسي

問

يسمع

聽

يشرب

喝

ياكل

吃

يخمل

清理

يبغي

愛

يطيب

做飯

يصوق

開車

يطير

飛

يبحر بالفلوكة

航行

يحسب

計算

يقرا

讀

يتعلم

學習

يخدم

工作

يتزوج

結婚

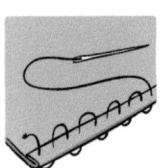

يخيط

縫

يغسل سنانو

刷牙

يكتل

殺

يكمي

抽菸

يرسل

寄

لعايلة

家

祖母
الجد
祖父
الاب
父親
ام
母親
الذري
嬰兒
البنت
女兒
الولد
兒子

ضيف

客人

العمة / الخالة

阿姨

العم / الخال

叔叔

الخو

兄弟

الخت

姐妹

الجسم

身體

الجبهة
前額
العين
眼睛
الكتف
肩膀
صبع
手指
الوجه
臉
اللحية
下巴
اليد
手
الساق
腿
الصدر
乳房
الذراع
手臂

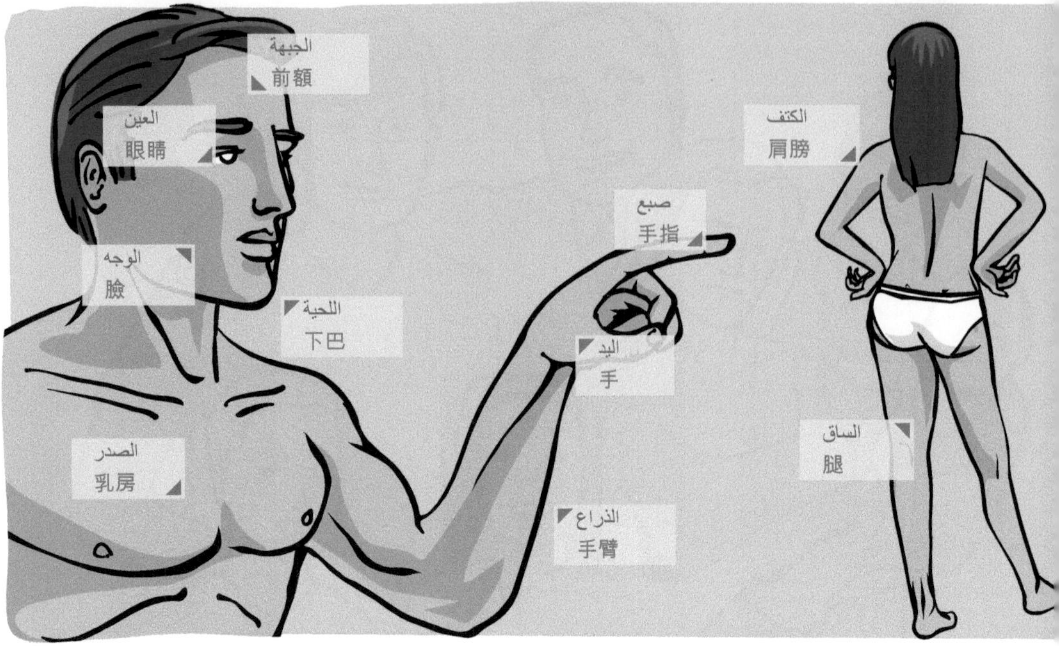

الذري
嬰兒

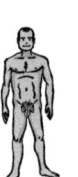

الراجل
男人

المرا
女人

الشيرة، الطفلة
女孩

الشير
男孩

الراس
頭

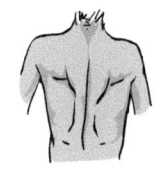

ظهر

背部

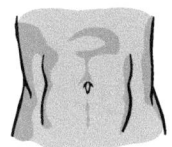

الكرش

肚子

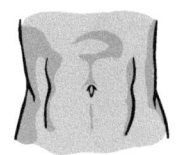

السرة

肚臍

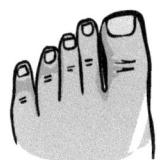

صبع

腳趾

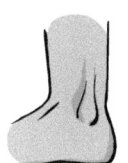

طالون

腳後跟

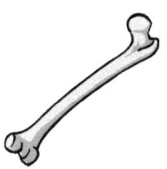

العظم

骨頭

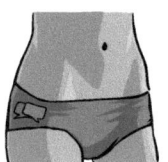

المرادف

臀部

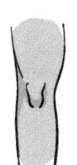

الركبة

膝蓋

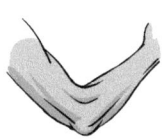

لمرفغ

手肘

نيف

鼻子

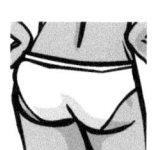

مصاصيط

屁股

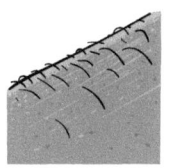

البشرة

皮膚

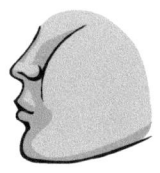

الحنوك

臉頰

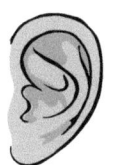

لوذن

耳朵

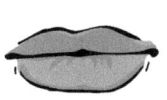

شورب

嘴唇

الفم

嘴

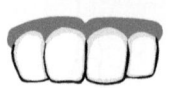

السنة

牙齒

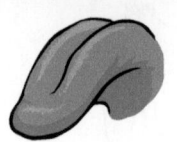

السان

舌頭

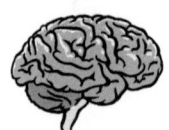

الدماغ

腦

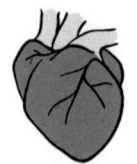

القلب

心臟

العضلة

肌肉

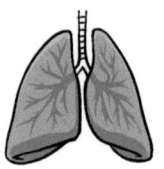

الرية

肺

الكبدة

肝臟

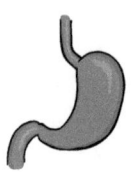

لسطوما

胃

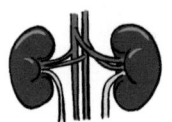

كلوى

腎臟

رابور

性交

بريزارفتيف

保險套

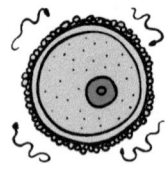

البويضة

卵子

سبرم

精子

بلكرش

懷孕

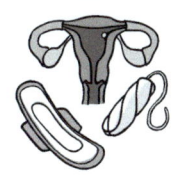

ليراغل

月事

المهبل

陰道

المذاكر

陰莖

الحاجب

眉毛

الشعر

頭髮

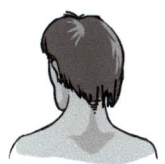

رقبة

脖子

سبيطار
醫院

لانبيلونس
急救車
الكرسي المتحرك
輪椅
فاتورة
骨折

الطبيب

醫師

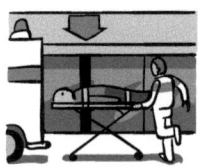

ليزيرجونس

急診室

الممرضة

護理師

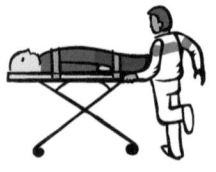

ليرجونس

緊急情形

تغاشى

昏迷

الوجع

痛

الجرح

受傷

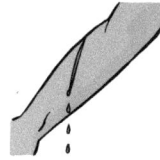

يسل الدم

出血

القلب

心臟病發作

لافيسي

中風

لالرجي

過敏

الكحة

咳嗽

الحمة

發燒

لاقريب

流感

الاسهال

腹瀉

ميغران

頭痛

السرطان

癌症

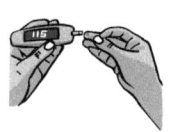

السكر

糖尿病

الجراح

外科醫師

مبضع

手術刀

عملية تاع القلب

手術

لاسيتي

電腦斷層掃描

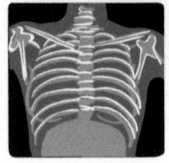

الراديو

X光

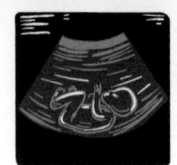

لولتخازون

超音波

لماسك

口罩

المرض

疾病

وين يقارعو

候診室

العكاز

拐杖

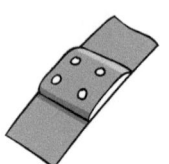

سكوتش

石膏

لبانسما

繃帶

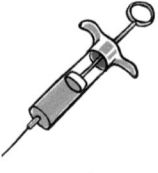

لبرة

注射

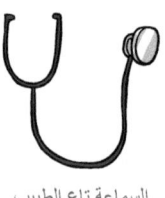

السماعة تاع الطبيب

聽診器

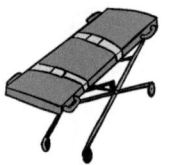

نقالة

擔架

لوزنو بيه الحمة

體溫計

زيادة

出生

السمونية

超重

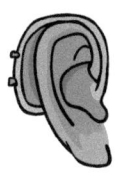

جهاز السمع

助聽器

المعقم

消毒液

لنفكسون

感染

الفيروس

病毒

السيدا

愛滋病

الدوا

藥物

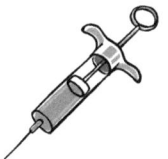

الفاكسان

接種疫苗

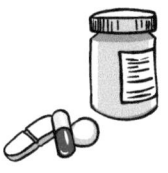

الدوا حب

藥片

بيلولة

藥丸

يعيط للنجدة

急救電話

الجهاز ليقيسو بيه الدم

血壓計

مريض / صحيح

生病/健康

ليرجونس
緊急情形

سلكوني
救命！

لالارم
警報

يتعدا
突擊

يهجم
攻擊

دونجي
危險

مخرج الطوارئ
緊急出口

النار شاعلة
失火了！

لكستانتور
滅火器

اكسيدون
意外

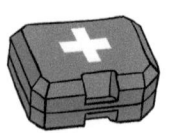

فيزة تاع الاسعاف الاولي
急救箱

سلكونا
呼救訊號

لابوليس
員警

أرض
地球

أوروبا

歐洲

أمريكا الشمالية

北美洲

أمريكا الجنوبية

南美洲

أفريقيا

非洲

آسيا

亞洲

أستراليا

澳洲

المحيط الأطلسي

大西洋

المحيط الهادي

太平洋

المحيط الهندي

印度洋

المحيط المتجمد الجنوبي

南冰洋

المحيط المتجمد الشمالي

北冰洋

القطب الشمالي

北極

القطب الجنوبي

南極

منطقة القطب الجنوبي

南極洲

أرض

地球

بلاد

陸地

بحر

海

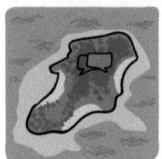

جزيرة

島

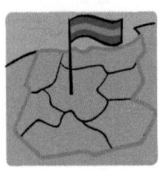

امة

國家

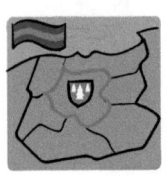

دولة

州

ساعة

鐘錶

ميناء الساعة

錶盤

عقرب الساعات

時針

عقرب الدقائق

分針

عقرب الثواني

秒針

شعال راها الساعة؟

現在幾點？

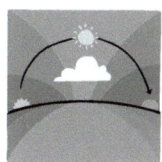

يوم

天

زمن

時間

دروك

現在

ساعة رقمية

電子錶

دقيقة

分

ساعة

時

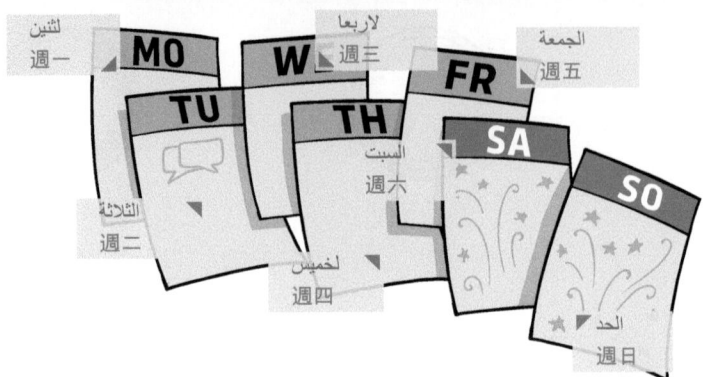

لثنين
週一 MO

لاربعا
週三 W

الجمعة
週五 FR

TU
الثلاثة
週二

TH
السبت
週六

SA

SO

لخميس
週四

الحد
週日

لبارح

昨天

اليوم

今天

غدوا

明天

صباح

早晨

القايلة

中午

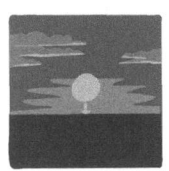

العشية

晚上

يامات الخدمة

工作日

ويكاند

週末

النو
雨
قوس قزح
彩虹
الربيع
春
الصيف
夏
الريح
風
الخريف
秋
ثلج
雪
الشتا
冬

يتنبأ بالحال

天氣預告

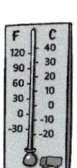

مقياس حرارة

溫度計

ضوء الشمس

陽光

سحابة

雲

ضباب

霧

ميديتي

潮濕

برق

閃電

رعد

打雷

عاصفة

風暴

بَرَد

冰雹

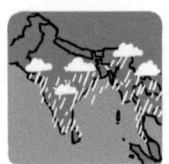

ريح

季風

طوفان

洪水

جليد

冰

جانفي

一月

فيفري

二月

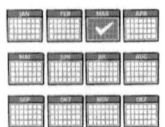

مارس

三月

افريل

四月

ماي

五月

جوان

六月

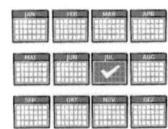

جويلية

七月

اوت

八月

年 - العام

سبتمبر

九月

اكتوبر

十月

نوفمبر

十一月

ديسمبر

十二月

فورما

形狀

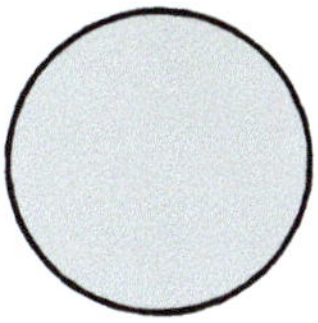

دويرة

圓形

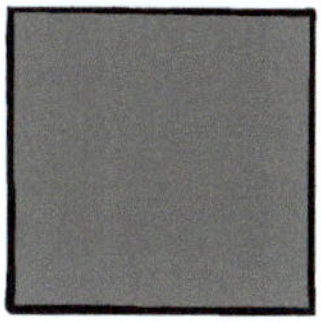

مربع

正方形

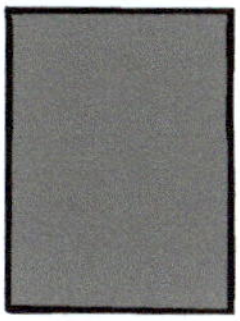

مستطيل

長方形

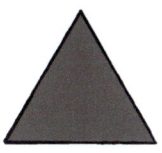

مثلث

三角形

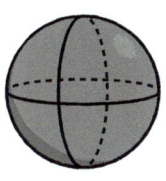

كويرة

球體

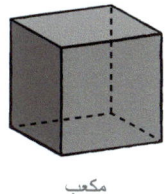

مكعب

立方體

الالوان

顏色

بيض

白

صفر

黃

تشيني

橙

روز

粉

حمر

紅

حلحالي

紫

زرق

藍

خظر

綠

قهوي

棕

قري

灰

كحل

黑

الضد

反義詞

شباب / مشي شباب

美/醜

زعفان / مكالمي

生氣/平靜

بزاف / شوية

很多/少許

فاتح / فونسي

明/暗

كبير / صغير

大/小

البدية / التالي

首/尾

كامل / ناقص

完整/缺失

نقي/ موسخ

乾淨/骯髒

خو/ خت

兄弟/姐妹

عريض / ضيق

寬/窄

ميت / حي

死/生

نهار/ اليل

白天/晚上

يقدو ياكلوه / ميقدروش ياكلوه

可食用/非食用

شرير / ناس ملاح

邪惡/善良

يثير / يمل

興奮/無聊

سمين / رقيق

胖/瘦

اللولا / التالية

第一/最後

الصاحب / لعدو

朋友/敵人

معمر / فارغ

滿/空

قاصح / سوبل

硬/軟

ثقيل / خفيف

重/輕

جوع / عطش

餓/渴

مريض / صحيح

生病/健康

غير شرعي / شرعي

非法/合法

ذكي / مبوقل

聰明/愚笨

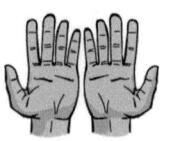

يسار / يمين

左/右

قريب / بعيد

近/遠

الضد - 反義詞

جديد / مستعمل

新/舊

مكانش / شوية

沒有/有些

شيباني / شاب

老/幼

يشعل / يطفئ

開/關

محلول / مبلع

打開/闔上

بشوية / بلفور

安靜/吵鬧

مرفح / زوالي

富/窮

نيشان / خاطيء

對/錯

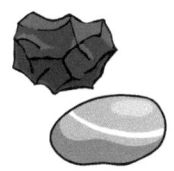

حرش / رطب

粗糙/光滑

زعفان / فرحان

傷心/高興

قصير / طويل

短/長

بشوية / بلخف

慢/快

مشمخ / ناشف

濕/乾

حامي / بارد

溫暖/涼爽

القيرة / لامان

戰爭/和平

نيميرويات

數字

0	1	2
صفر	واجد	زوج
零	一	二
3	4	5
تلاثة	ربعة	خمسة
三	四	五
6	7	8
ستة	سبعة	ثمانية
六	七	八
9	10	11
تسعة	عشرة	حداعش
九	十	十一

12

ثناعش

十二

13

تلطاعش

十三

14

رباطاعش

十四

15

خمسطاعش

十五

16

سطاعش

十六

17

سبعطتعش

十七

18

ثمنطاعش

十八

19

تساعطاش

十九

20

عشرون

二十

100

مية

百

1.000

ألف

千

1.000.000

مليون

百萬

اللغات

語言

انقلي

英語

انغلي تاع مريكان

美式英語

لغة الشنوية

普通話

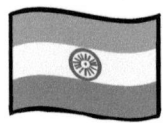

الهندية

印地語

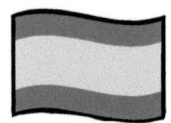

سبنيولية

西班牙語

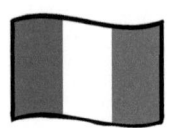

الفرونسي

法語

العربية

阿拉伯語

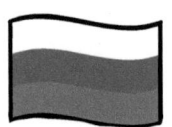

الروسية

俄語

البوتغالية

葡萄牙語

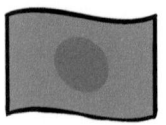

البنغالية

孟加拉語

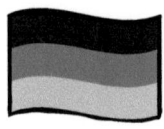

لالمنية

德語

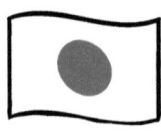

الجابونية

日語

شكون / علاش / كيفاش

誰/什麼/如何

انا

我

نتا

你

هو

他/她/它

حنايا

我們

نتوما

你們

هوما

他們

شكون

誰？

واش

什麼？

كيفاش

如何？

وين

何處？

وقتاش

何時？

الاسم

名字

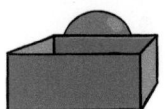

وين

方位

مرول

後面

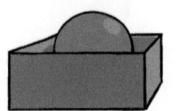

في

裡面

قدام

前面

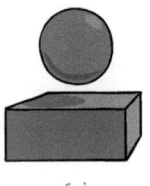

فوق

上方

على

上面

تحت

下麵

حدا

旁邊

بين

中間

بلاصة

地點